Le tailleur

Les géan

a princesse

L'écuyer

Le vaillant petit tailleur

Adapté par Anne Royer • Illustré par Paku

Éditions Lito

Il était une fois…

… un petit tailleur qui s'apprêtait à mordre dans une tartine de confiture, lorsqu'il vit une multitude de mouches s'y poser. Saisissant un torchon, il frappa ces visiteuses impolies et en tua sept. Très fier de lui, il se broda une ceinture où l'on put bientôt lire : « Sept d'un coup ». Se disant qu'il fallait que le vaste monde connaisse sa bravoure, il décida de quitter sa ville.

Un peu plus tard, il rencontra un géant et lui montra sa ceinture. Croyant que le petit bonhomme avait tué sept personnes d'un coup, le géant décida de le mettre à l'épreuve.

– Saurais-tu faire cela ? lui demanda-t-il en broyant une pierre dans sa main.

– Facile, dit le petit tailleur en se servant d'un morceau de fromage en guise de pierre, j'en fais même du jus !

– Et saurais-tu faire ceci ? lui demanda encore le géant en lançant un caillou de l'autre côté de la vallée.

– Facile, mais avec moi, les pierres ne retombent pas ! répliqua le tailleur, qui déjà libérait discrètement, en guise de pierre, un oiseau pris dans un buisson.

Perplexe, le géant proposa autre chose :

– Et pourrais-tu m'aider à tirer cet arbre mort hors du bois ?

– Avec joie ! dit le tailleur, qui prit soin de se placer derrière le géant du côté du feuillage.

Il y resta tranquillement assis et, lorsque le géant lâcha sa charge, il sauta à terre et fit semblant de porter les branches à bout de bras.

– Un gaillard tel que toi mérite d'être invité dans mon logis ! s'exclama alors le géant.

Le tailleur accepta et suivit son compagnon jusqu'à une caverne où vivaient d'autres géants. Au grand lit qu'on lui proposa, il préféra un petit coin sombre et s'y coucha. Grand bien lui en prit ! À minuit sonné, le géant frappa le lit à l'aide d'une masse et ne s'arrêta que lorsqu'il fut persuadé que son invité était mort.

Bien sûr, à leur réveil, les géants hurlèrent de terreur en voyant le tailleur aussi frais qu'un gardon.

Poursuivant sa route, le tailleur arriva dans le parc d'un château et décida d'y faire la sieste. Ceux qui passèrent alors près de lui virent les mots inscrits sur sa ceinture et, le prenant pour un fameux guerrier, allèrent prévenir leur roi.

Aussitôt, celui-ci proposa au nouveau venu de servir dans son armée, mais tous les chevaliers, redoutant un homme capable d'en tuer sept d'un seul coup, démissionnèrent aussitôt. Cela contraria beaucoup le roi, qui n'osa toutefois pas chasser un personnage aussi dangereux.

Le lendemain, il convoqua le tailleur :

– Si tu me débarrasses des deux géants qui habitent mon royaume, je te donnerai ma fille et la moitié de mes biens.

Aussitôt dit, aussitôt fait ! Le petit tailleur alla trouver les deux géants en question, qui dormaient sous un arbre, et, se cachant, leur jeta des pierres. Chacun croyant que l'autre l'avait frappé, ils se battirent et finirent par s'entretuer.

Lorsque le tailleur revint au palais pour demander sa récompense, le roi songeait déjà à le soumettre à une nouvelle épreuve :

– Pour être tout à fait sûr de ta bravoure, je voudrais encore que tu captures une licorne…

Le tailleur partit aussitôt dans la forêt. Là-bas, il trouva la licorne et l'attira vers un arbre, où elle planta sa corne si profondément qu'elle resta prisonnière.

Le roi, décidément très embêté par les succès du tailleur, lui imposa une troisième épreuve.

– Un sanglier terrifiant ravage mes cultures, lui dit-il. Peux-tu l'attraper ?

Encore une fois, le petit tailleur triompha. Ayant attiré l'animal dans une maison, il s'échappa par la fenêtre et fit le tour du logis pour fermer la porte. Cette fois-là, le roi fut bien obligé de donner au tailleur la main de sa fille, ainsi que la moitié de son royaume.

Quelque temps plus tard, la princesse remarqua que son époux rêvait tout haut et qu'il parlait toujours de fil et d'aiguilles au lieu d'épées et de combats.

– Père, pleurnicha-t-elle, vous m'avez mariée à un tailleur !

– Ma fille, lui répondit le roi, laissez ouverte la porte de votre chambre ce soir et mes serviteurs viendront vous débarrasser de ce mari bien mal choisi…

Il se trouva qu'un écuyer aimant beaucoup le tailleur avait surpris cette conversation, et la lui avait rapportée.

Cette nuit-là, comme les soldats entraient dans sa chambre, le petit tailleur fit semblant de rêver tout haut :

– J'en ai abattu sept d'un coup, j'ai tué deux géants, capturé une licorne et un sanglier, et je devrais craindre des gredins s'approchant de mon lit ?

Terrifiés par ces paroles, les hommes s'enfuirent aussitôt sans demander leur reste. Ce fut ainsi que le petit tailleur, devenu roi, le resta sa vie entière.